AF399766

SELBST-EVALUATION

Methoden für aussagekräftige Selbstevaluationsergebnisse

Verfasst von Nicolas Zinque

Übersetzt von Mareike Lobeck

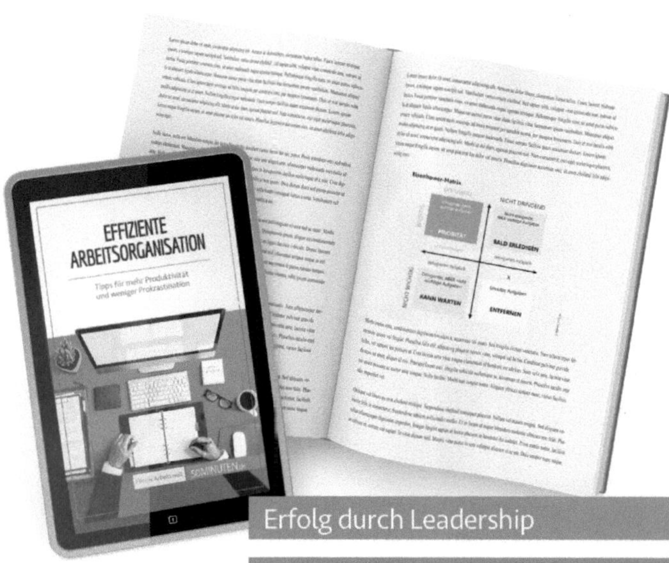

SELBSTEVALUATION

- **Ziel:** eine Vorgehensweise finden, mit der man seine Fähigkeiten selbst realistisch beurteilen kann
- **Anwendung:** Wenn man seine eigenen Stärken, Schwächen und Leistungen realistisch einschätzen kann, fällt es mithilfe der gewonnenen Selbstkenntnis leichter, seine Ziele zu erreichen.
- **Arbeitskontext:** Kompetenzentwicklung, Management, Karriereplanung, Motivation, Weiterbildung, berufliche Voraussetzungen
- **FAQ:**
  - Wann ist es sinnvoll, sich selbst zu evaluieren?
  - Wie häufig sollte ich mich selbst evaluieren?
  - Welchen Risiken setze ich mich aus, wenn ich mich selbst evaluiere?
  - Wie unterscheiden sich Evaluationsraster und Selbstevaluationsraster voneinander?
  - Wie kann mir eine Selbstevaluation dabei helfen, mein Jahresgespräch vorzubereiten?
  - Was sollte ich tun, wenn meine Selbstevaluation von der jährlichen Bewertung

meines Vorgesetzten abweicht?
- ○ <u>Sollte ich meine Mitarbeiter dazu ermutigen, sich selbst zu evaluieren?</u>

EINLEITUNG

Das Prinzip der Evaluation ist den wenigsten Menschen fremd, es ist sogar Teil vieler Kulturen, da sich schon Schulkinder ab der ersten Klasse an die – nicht immer angenehme – Tatsache gewöhnen müssen, bewertet zu werden. Obwohl man als Arbeitnehmer keine guten oder schlechten Noten mehr erhält, muss man sich dennoch regelmäßig der Beurteilung durch seine Vorgesetzten aussetzen. Diese Bewertungen mag man manchmal anzweifeln und kritisieren, sie können sich aber dennoch als nützlich erweisen, insbesondere um den eigenen Fortschritt zu messen. Allerdings ist Evaluation meist komplizierter, als sie auf den ersten Blick erscheint, vor allem wenn es um Selbstevaluation geht. Denn wenn man sich ganz allein evaluiert, kann man schnell subjektiv oder ungenau werden.

Allerdings ist die Fähigkeit, sich selbst korrekt einzuschätzen, unerlässlich in der Arbeitswelt – sowohl für den Arbeitgeber, der eine selbstständige Person einstellen will, die fähig ist, ihre Arbeit, Misserfolge und Erfolge zu bewerten, um weiterzukommen, als auch für den Arbeitnehmer, der als erstes von seiner Selbstevaluation profitiert. Denn Selbstevaluation hilft Ihnen, mögliche Hindernisse vorherzusehen und Ihre Ziele einfacher zu erreichen. So erhöhen Sie die Wahrscheinlichkeit, dass ein Projekt, das Ihnen am Herzen liegt, die wichtige Aufgabe, die Ihr Chef Ihnen anvertraut hat, oder Ihr Jahresgespräch gut verlaufen.

In den nächsten 50 Minuten lernen Sie, wie Sie ein persönliches Evaluationsraster erstellen, mit dem Sie Ihre Ergebnisse objektiv bewerten und Ihre Stärken und Ihr mögliches Verbesserungspotenzial erkennen können, um produktiver zu werden und sich beruflich zu entfalten.

SELBSTEVALUATION: DIE GRUNDLAGEN

WAS IST SELBSTEVALUATION?

Das Vorgehen kurzgefasst

Evaluation bedeutet „sach- und fachgerechte Bewertung" (Duden). Meistens evaluiert bzw. bewertet man die Menschen in seinem Umfeld und wird auch selbst von diesen bewertet. Bei der Selbstevaluation geht es, wie das Wort schon sagt, darum, sich selbst zu evaluieren. In der Theorie ändert sich beim Wechsel von der Evaluation zur Selbstevaluation nur der Evaluationsgegenstand, in der Praxis hat das jedoch weitreichende Konsequenzen. Denn vielleicht haben Sie auch schon einmal bemerkt, dass man sich selbst meistens nicht wie sein Umfeld behandelt: Einige Menschen sind sich selbst gegenüber sehr nachsichtig oder gar nachlässig, andere gehen mit sich selbst ganz im Gegenteil wesentlich strenger ins Gericht als mit ihren Mitmenschen.

Bei der Selbstevaluation handelt es sich um einen komplexen Prozess, der mithilfe des Bodybuildings veranschaulicht werden kann. Mit Sicherheit haben Sie schon von dieser Sportart gehört, bei der die Sportler aus rein ästhetischen Gründen ihre Muskelmasse aufbauen, um dann ihren Körper bei Wettbewerben zu präsentieren. Dabei üben sie nicht nur vor Spiegeln, um sich zu bewundern, sondern vor allem, um ihre Arbeit zu bewerten. Jeder Mensch ist anders, was bedeutet, dass der Muskelaufbau bestimmter Körperpartien für die einen einfacher und für die anderen schwieriger ist. Ein Bodybuilder muss daher seinen Körper mit seinen Stärken und Schwächen kennenlernen. Denn auch wenn es mehr Spaß macht, an seinen Stärken zu arbeiten, sollte der Sportler auch seine Schwächen nicht vernachlässigen, wenn er ein harmonisches Ergebnis erzielen will. Mithilfe einer anfänglichen Zustandsbeschreibung erstellt er einen Trainingsplan, der auf sein Ziel ausgerichtet ist. Danach sollte er regelmäßig seine Übungen an seinen Fortschritt anpassen. Nur dann wird er sein Ziel erreichen können.

Selbstevaluation ist genau das: sich selbst besser kennenlernen, sich trauen, in den Spiegel zu blicken, und mithilfe einer Stärken- und Schwächenanalyse eine objektive Bilanz ziehen, um so sein Ziel zu erreichen. Da sich nicht alle Menschen gleich schnell bestimmte Kompetenzen aneignen, ist es wichtig, den Evaluationsprozess an sich selbst anzupassen.

TIPP

Der Vergleich zum Sport wurde nicht willkürlich gezogen. Denn auch wenn erfolgreiche Sportler von einem Team umgeben sind, das unter anderem aus ihrem Trainer und anderen Personen besteht, die sie physisch und mental vorbereiten, verdanken sie ihre Erfolge vor allem ihrer Arbeit, ihrer Disziplin und ihrer Fähigkeit, sich selbst zu evaluieren. In Interviews geben Spitzensportler häufig Tipps und Ratschläge hinsichtlich ihrer inneren Einstellung und ihrer Trainingsmethoden. Lassen Sie sich davon inspirieren. Und wenn Sie einmal Ihr Ziel aus den Augen verlieren, sollten Sie sich das Bild des Bodybuilders wieder zurück ins Gedächtnis rufen: Stellen Sie sich Ihr Projekt als den Körper eines Bodybuilders vor und erkennen Sie, welche Stellen noch verbessert werden müssen.

Kontext der Anwendung

Selbstevaluation kann sich in drei Situationen als hilfreich erweisen: davor, während und danach.

- **Davor**: Die meisten Menschen müssen in ihrem Leben regelmäßig Entscheidungen treffen, die langfristig schwere Konsequenzen nach sich ziehen (z. B.: „Gehe ich das Risiko ein, meinen unbefristeten Arbeitsvertrag zu kündigen, um meinen Traum von der Selbstständigkeit zu verwirklichen?"). Bevor man sich in ein neues Abenteuer stürzt oder eine komplizierte Aufgabe übernimmt, ist es äußerst wichtig, eine Bilanz zu ziehen, das Für und Wider abzuwägen und vor allem zu verstehen, welche Auswirkungen das Vorhaben haben wird und was auf dem Spiel steht.
- **Während**: Womöglich stellen Sie mitten im Projekt fest, dass Sie sich von Ihrem Ursprungsziel entfernt haben oder sich der Kontext aufgrund einer neuen Technologie, einer Veränderung der Zielgruppe für das neue Produkt, einer Kürzung des Ausgangsbudgets etc. verändert hat. Jetzt ist der richtige Zeitpunkt gekommen, um die Situation auszuwerten und den Rahmen so anzupassen, dass

Sie Ihr Ziel erreichen.

- **Danach**: Die eigene Evaluation eines abgeschlossenen Projekts ist für die weitere Arbeit ebenfalls wichtig. Wenn Sie mehrere Monate lang an einem Projekt gearbeitet haben, fragen Sie sich womöglich, warum es so viel Zeit in Anspruch genommen hat. Oder vielleicht haben Sie die Arbeitsstelle gewechselt und müssen sich nun bald Ihrer ersten Jahresbewertung stellen. Mit einer Selbstevaluation können Sie selbst Ihre erledigte Arbeit auswerten.

chen, Ihre Leistungsfähigkeit zu erhöhen. So werden Sie in Ihrem Alltag mehr Erfüllung finden und auch Ihre Vorgesetzten werden Ihre Anstrengungen bemerken.

Nutzen von Selbstevaluation

Der wertvollste Nutzen der Selbstevaluation ist eine verbesserte Selbstkenntnis. Bei dieser handelt es sich um mehr als eine berufliche Stärke, denn auch im Leben allgemein ist es von großem Vorteil, wenn man sich traut, sich selbst zu betrachten und zu verstehen, wie man funktioniert. Je häufiger Sie sich mit sich selbst konfrontieren, umso besser können Sie Ihre Schwächen verbessern und weiterkommen. Die Selbstevaluation kann also als Bestandteil des kontinuierlichen Lernens betrachtet werden. Zum Nutzen der Selbstevaluation gehört:

- die Fähigkeit, eine Situation zu analysieren und zukünftige Schwierigkeiten zu erkennen
- verstärkte Selbstständigkeit und Anpassungsfähigkeit
- dass sie als Sprungbrett zu größerer beruflicher Erfüllung dient

EIN PRÄZISE DEFINIERTES ZIEL

Der Ausdruck „Bilanz ziehen" wird in verschiedenen Situationen verwendet, macht allerdings nur Sinn, wenn er um den Kontext ergänzt wird, das heißt um die Sache, aus der Bilanz gezogen wird. Um die richtige Richtung einschlagen zu können, ist es wichtig, ein klares Vorgehen zu bestimmen und sein Ziel so genau wie möglich zu benennen.

<u>**BEISPIELE**</u>

- Ich arbeite momentan in der Verwaltung, möchte aber innerhalb der nächsten zwei Jahre mein eigenes Unternehmen für Bio-Produkte gründen. Welche Fähigkeiten und Kenntnisse besitze ich für einen erfolgreichen Karrierewechsel?
- Ich bin Projektmanager und befinde mich mitten im Projekt. Ich würde gerne wissen, wo ich momentan stehe.
- Ich möchte mich auf das jährliche Bewertungsgespräch in meinem Unternehmen vorbereiten (eventuell fordert Ihr Vorgesetzter hierfür eine Selbstevaluation von Ihnen), indem ich ermittle, welchen Mehrwert ich dem Unternehmen bringe.

Achtung! Sie setzen sich nicht immer selbst Ihre Ziele. Wenn Ihr Vorgesetzter Sie auffordert, „Ihre Leistung für das Unternehmen auszuwerten", können Sie ihn bitten, Ihnen zu erläutern, was er genau von Ihnen erwartet.

Der Auftraggeber der Evaluation ist entscheidend für Ihr Vorgehen, sodass Sie manchmal mehrere Evaluationen anfertigen werden müssen. Als Projektmanager evaluieren Sie beispielsweise Ihre Arbeit nicht nur für Ihre Unternehmensleitung, sondern auch für Ihren Kunden. Die Evaluation wird in den beiden Fällen unterschiedliche Formen annehmen.

DIE GEEIGNETE EINSTELLUNG

Sie sollten mit der richtigen Einstellung an die Selbstevaluation herangehen, da ansonsten das Risiko besteht, dass Ihr Ergebnis nicht der Realität entspricht. Achten Sie daher auf die folgenden Punkte.

Seien Sie positiv

Auf viele Menschen wirkt Selbstevaluation unangenehm, da sie negative Konsequenzen nach sich ziehen kann. Vielleicht nehmen Sie eine Verteidigungshaltung ein, wenn Ihr Vorgesetzter Sie bittet, ein Projekt zu evaluieren, das schlecht verlaufen ist, weil Sie befürchten, dass man Sie für den Misserfolg verantwortlich machen könnte. Seien Sie sich jedoch bewusst, dass die Evaluation Ihrer Weiterentwicklung dient. Denken Sie an den Nutzen der Evaluation, wenn Ihnen das Evaluieren schwerfällt. Seine Schwächen und Fehler zuzugeben wirkt erst einmal schwierig, ist aber der erste Schritt in Richtung Fortschritt.

Seien Sie objektiv

Gefühle sind der größte Feind der Selbstevaluation, da sie den Blick trüben und der Analysefähigkeit schaden können. Außerdem wird man bei der Selbstevaluation mit seinem eigenen Selbstwertgefühl konfrontiert. Menschen mit einem großen Ego tendieren dazu, sich zu gut einzuschätzen, während Menschen, die kein gutes Bild von sich haben, sich eher schlecht darstellen.

Daher ist bei der Selbstevaluation äußerste Objektivität gefragt. Um sich zu evaluieren, sollten Sie sich auf Tatsachen stützen und nicht auf Meinungen wie beispielsweise: „Ich finde mein Niveau schlecht" oder „Ich finde, dass ich das nicht gut mache". Aussagen wie „das ist gut" und „das ist schlecht" sagen allein nichts aus. Erst wenn sie mit einem konkreten Wert verbunden werden, zum Beispiel in einem Selbstevaluationsraster, erhalten sie eine Bedeutung.

Auch wenn es natürlich keine absolute Objektivität gibt, sollte Sie das nicht davon abhalten, sie anzustreben. Befolgen Sie dafür die nachstehenden Ratschläge:

- Betrachten Sie sich von außen: Da es einfacher ist, einen Mitmenschen objektiv zu bewerten als sich selbst, sollten Sie sich vorstellen, dass Sie die Situation eines Kollegen, den Sie nicht kennen, analysieren.

> Ich habe mehrere Jahre lang mit einer Kollegin zusammengearbeitet, die sich auf originelle Weise auf ihr jährliches Bewertungsgespräch vorbereitet hat. Sie stellte sich dazu vor, nicht sich selbst sondern ihre Zwillingsschwester zu evaluieren. Für sie war das der ideale Weg, denn die besondere Verbindung, die zwischen ihr und

ihrer Schwester bestand, ermöglichte es ihr, ihre Situation mit etwas Abstand zu betrachten. (Johannes, Verwaltungsangestellter im öffentlichen Dienst)

- Bitten Sie außenstehende Personen um ihre Meinung zu Ihrer Arbeit, Ihrem Verhalten etc.
- Werden Sie sich bewusst, was Ihre Objektivität beeinträchtigt, und – anstatt dies ändern zu wollen – kompensieren Sie es in Ihrem Selbstevaluationsraster mit Stärken.

Seien Sie realistisch

Objektiv zu sein ermöglicht Ihnen ebenfalls realistischer zu sein. Hierbei handelt es sich um einen weiteren essenziellen Aspekt. Denn für eine wirksame Selbstevaluation müssen Sie eine gute Mitte finden und sich pragmatisch einschätzen. Wenn Sie sich über- oder unterbewerten, besteht das Risiko, dass Sie auf Ihrem Weg zum Ziel nicht weiterkommen, dass Sie mehr Zeit benötigen als vorgesehen, dass Sie sich nicht erlauben, um Hilfe zu bitten, weil Sie sich sicher sind, es auch alleine zu schaffen, oder dass Sie sich nicht an einem Projekt beteiligen, weil Sie befürchten, dass Sie die zusätzliche Arbeit nicht stemmen können. In all diesen Fällen stehen Sie kurz davor, den Mut zu verlieren. Versuchen Sie nicht, sich falsche Stärken oder Schwächen zuzuschreiben, damit werden Sie sich nur schaden.

Seien Sie ehrlich mit sich selbst

Wenn Sie einer anderen Person Bericht erstatten müssen, haben Sie immer die Möglichkeit, eine Ausrede zu finden, um es nicht zu tun. Sich selbst zu belügen ist jedoch schwieriger und wie der Straußenvogel den Kopf in den Sand zu stecken wird Ihnen nicht viel bringen. Stehen Sie zu Ihrer Verantwortung. Natürlich kann es durchaus zu unvorhergesehenen Ereignissen kommen, die Sie von der Selbstevaluation abhalten, doch meistens liegt es eher an fehlendem Willen oder fehlender Disziplin. Sich zu evaluieren ist extrem schwierig, da man sich seiner Verantwortung stellen muss und man sich vor dieser nicht drücken kann. Doch keine Panik, niemand verlangt von Ihnen, dass Ihnen die Selbstevaluation beim ersten Anlauf gelingt – nur verstecken Sie sich nicht hinter Vorwänden.

DAS SELBSTEVALUATIONSRASTER

Dieses Instrument hilft Ihnen, Ihre Selbstevaluation durchzuführen. Durch das Ordnen Ihrer Überlegungen und Kompetenzen in einer Tabelle werden Sie sie anschließend einfacher analysieren können. Ein Selbstevaluationsraster enthält drei Elemente:

- **Kriterien**: Hierbei handelt es sich um die evaluierten Aspekte, das heißt um die Punkte, nach denen Sie die Situation bewerten können.
- **beobachtbare Indikatoren**: Dies sind die mit den Kriterien verbundenen Verhaltensweisen bzw. Eigenschaften.
- **Bewertungsskala**: Diese entspricht dem Evaluationssystem Ihrer Kriterien. Die Skala besteht aus einer Anzahl von Stufen, denen ein bestimmter Wert bzw. eine Beurteilung zugeordnet ist.

Ein solches Evaluationsraster kann wie das folgende Beispiel aussehen. Das Kapitel <u>Jetzt sind Sie gefragt!</u> enthält weitere Beispiele.

Abb. 1 – Bin ich ein guter Projektmanager?

Kriterien	beobachtbare Indikatoren	Werteskala (Stufen)				
Teamführung	• das Team motivieren	1	2	3	4	5
	• Konflikte lösen	1	2	3	4	5
	• etc.					
Budgetverwaltung	• das Ausgangsbudget bewerten	1	2	3	4	5
	• mit Unvorhergesehenem umgehen	1	2	3	4	5
	• etc.					

TIPP

Je nachdem, wie genau Ihr Raster ist, können die Kriterien und beobachtbaren Indikatoren unterschiedlich ausfallen. Im hier genannten Beispiel versucht die Person einen Überblick über ihre Funktion als Manager, mit ihren Stärken und Schwächen zu bekommen. Wenn sie diese festgestellt hat, kann sie eine detailliertere Analyse durchführen, indem sie sich jedes Kriterium einzeln ansieht, und diesem neue beobachtbare Indikatoren zuweist. Stützen Sie sich unabhängig von der Situation auf präzise Elemente, damit das Raster aussagekräftig ist und Sie feststellen können, ob Ihre Ziele erreicht wurden.

Evaluationskriterien und beobachtbare Indikatoren

Bei der Wahl der Kriterien handelt es sich um einen essenziellen Schritt, dem Sie große Aufmerksamkeit schenken sollten, da die Kriterien mit dem Ziel des Rasters übereinstimmen müssen. Wenn Sie nicht selbst der Auftraggeber sind, sollte dieser festlegen, welche Kriterien wichtig sind, und Ihnen diese mitteilen. Es kann also sein, dass Sie ein bereits vorbereitetes Raster erhalten. Doch in der Regel obliegt Ihnen die Festlegung der Kriterien anhand der Ziele, die in Ihren Unterlagen beschrieben werden. Wenn Ihnen beispielsweise für das Projektmanagement ein Pflichtenheft gegeben wurde, können Sie sich daran messen, wie Sie im Vergleich zum Ziel, der Frist, dem Budget und den Ressourcen stehen, die in diesem Heft festgeschrieben sind. Wenn hingegen nach Ihrer Einstellung im Unternehmen Ihr erstes Bewertungsgespräch ansteht, können Sie sich auf die Stellenbeschreibung in der entsprechenden Anzeige, ebenso wie auf die Ziele Ihrer ersten Aufgaben stützen.

Die Wahl der Kriterien ist noch schwieriger, wenn Sie selbstständig sind, also keinen Vorgesetzten haben und deswegen die Kriterien festlegen müssen, ohne sich auf eine Grundlage stützen zu können. Auch hier gehen Sie idealerweise von Ihrem Ziel aus und beschreiben es. Sie können Ihr Projekt dafür beispielsweise in verschiedene Bereiche einteilen: Kommunikation, Budget, Team etc. Unabhängig davon, ob Sie die Selbstevaluation veranlasst haben oder der Anstoß von außen kam, sollten Sie sich an die folgenden Ratschläge halten:

- Ein Kriterium muss Ihrem Ziel entsprechen. Wenn Sie ein internationales Team leiten, können Sie sich beispielsweise fragen, ob es Ihnen gelungen ist, die verschiedenen kulturellen Barrieren zu überwinden. Diese Frage würde in einem Projekt, in dem das Team nicht international ist, natürlich keinen Sinn machen. Zwar können einige Kriterien für viele verschiedene Projekte verwendet werden, Sie sollten aber dennoch versuchen, sie so weit es geht zu präzisieren.

- Seien Sie ebenfalls präzise und beziehen Sie sich auf Tatsachen. Wenn sich Ihre Selbstevaluation auf eine bestimmte Zeitspanne bezieht, sollten Sie diese angeben und nur die Ereignisse miteinbeziehen, die in dieser Zeit liegen.
- Beschaffen Sie sich Information. Sie können Erfahrungsberichte von Personen in ähnlichen Situationen lesen, mit Organisationen in Kontakt treten, die in Ihrem Bereich arbeiten, oder im Internet nach Vorlagen suchen. So finden Sie womöglich Kriterien, an die Sie zuvor nicht gedacht haben. Durch den Vergleich Ihrer Quellen erkennen Sie zudem, welche Kriterien häufig und welche eher selten verwendet werden. Dies kann darauf hinweisen, wie aussagekräftig sie sind.

Stellen Sie sich für jedes der Kriterien die Frage, inwiefern es für das Erreichen des Ziels unerlässlich ist. Je präziser Sie dabei sind, desto klarer wird das Bild sein, das Sie sich von der Situation machen werden. Allerdings ist es je nach Situation nicht unbedingt notwendig, alles detailliert zu beschreiben. Das Raster kann Ihnen ebenfalls einen allgemeinen Überblick ermöglichen (wenn Sie noch am Anfang des Projekts stehen), der Ihnen dabei hilft, das Terrain zu sondieren oder tiefer ins Thema einzusteigen. Sie sollten ebenfalls darauf achten, dass sich die Informationen nicht überlappen: Ihre beobachtbaren Indikatoren sollten nicht für mehrere Kriterien verwendet werden. Wenn dies doch der Fall ist, sollten Sie die Kriterien weiter präzisieren. Für die Auflistung der Kriterien haben Sie zwei Möglichkeiten:

- Sie schreiben zunächst alle beobachtbaren Indikatoren auf und sortieren sie anschließend nach Kategorien. Diese bilden dann Ihre Kriterien.
- Sie definieren erst die Kriterien und suchen dann die ihnen entsprechenden beobachtbaren Indikatoren.

Wenn Ihr Raster eine Situation beschreibt, mit der Sie nicht vertraut sind (beispielsweise ein Karrierewechsel), sollten Sie die zweite Methode vorziehen. Ansonsten können Sie frei wählen. Versuchen Sie in beiden Fällen, nicht mehr als zehn Kriterien festzulegen, damit Sie nicht den Überblick verlieren. Die Kriterien können wie folgt formuliert werden:

- in einer Frage: „Konnte ich mein Team motivieren?“
- in einer Aussage: „Ich kann mein Team motivieren.“
- in einer Handlung oder Fähigkeit: „Fähigkeit, mein Team zu motivieren“

Bewertungsskala

Es kann zwischen zwei Arten von Skalen unterschieden werden: Skalen, die Werte enthalten, und Skalen, deren Stufen qualitativ beschrieben werden.

Werteskalen können numerisch (1, 2, 3, 4, 5) und alphabetisch (A, B, C, D, E) aufgebaut sein. Wenn Sie visuelle Darstellungen bevorzugen, können Sie ebenfalls eine grafische Darstellung benutzen. Qualitative Skalen enthalten Stufen wie beispielsweise „ausreichend“, „befriedigend“, „gut“, „sehr gut“, „ausgezeichnet“. Sie können auch Symbole verwenden (Emoticons, Wetterzeichen etc.), um Ihr Raster dynamischer zu gestalten.

Abb. 2 – Zusammenfassung

Skala	Skalentyp	Verwendung
1 2 3 4 5	numerische Skala	Diese klassische Skala eignet sich hervorragend für die Selbstevaluation. Mit ihr können mehrere Raster einfach verglichen werden, wenn Sie ein Evaluationsprogramm einführen.
A B C D E	alphabetische Skala	siehe numerische Skala
	grafische Darstellung	Diese Skala sieht zwar gut aus, ist aber weniger praktisch. Versuchen Sie nicht zu präzise zu sein, da Sie sonst womöglich Zeit verschwenden. Wenn Sie bei der Erstellung jedoch nicht exakt vorgehen, ist das Ergebnis zu ungenau. Um dies zu vermeiden, können Sie die Balken in fünf oder zehn Abschnitte teilen, damit die Darstellung übersichtlicher ist.
ungenügend, ausreichend, befriedigend, gut, ausgezeichnet	qualitative Skala	Der große Vorteil dieser Skala liegt darin, dass sie anpassbar ist: So können Sie die Stufen entsprechend des Kriteriums unterschiedlich benennen.
☹ 😐 ☺	symbolische Skala	Mit dieser Skala wirkt die Evaluation weniger schulisch und wird dadurch angenehmer.

TIPPS

- Die Anzahl der Stufen sollte sich in der Regel zwischen zwei und sieben bewegen, um die Aufgabe nicht zu erschweren. Zwei

Stufen entsprechen meist den Werten „ja" und „nein". Bei einer ungeraden Anzahl können Sie auch einen Mittelwert auswählen. In vielen Fällen eignen sich fünf Stufen am besten.

- Die Stufen sind in der Regel aufsteigend, wobei der niedrigste Wert links und der höchste Wert rechts steht.
- Unabhängig davon, für welche Art von Stufen Sie sich entscheiden, sollten Sie genau festlegen, was jede Stufe darstellt. Bedeutet die dritte Stufe in einer fünfstufigen Skala 3/5, also 60 %, oder steht sie für die Mitte, also 50 %? In beiden Fällen sollten Sie definieren, wodurch eine Stufe erreicht wird.

Analyse der Antworten

Vom ausgefüllten Raster können Sie die positiv bzw. negativ bewerteten Kriterien ablesen und so erkennen, wo Ihre Fähigkeiten liegen und welche Sie noch ausbauen können. Um sich einen allgemeinen Überblick über die Situation zu verschaffen, können Sie einen Bewertungsdurchschnitt errechnen. Dabei sollten Sie in Ihr Urteil jedoch einbeziehen, dass die Kriterien nicht unbedingt alle gleich gewichtet sind. Sie können sie nach vorrangigen und nebensächlicheren Kriterien sortieren. Wenn Sie beispielsweise in den nebensächlicheren Kriterien schlechte Ergebnisse erzielt haben, in den vorrangigen jedoch sehr gute, wird dies im Raster berücksichtigt. So wird Ihnen ein wesentlich besserer Fortschritt bescheinigt, als dies der Fall wäre, wenn die Kriterien nicht gewichtet wären.

Sie sollten sich nun damit beschäftigen, auf welche Faktoren Ihre Ergebnisse zurückzuführen sind, denn so können Sie vermeiden, dieselben Fehler erneut zu begehen. Die Situation, in der Sie sich befinden, wird dabei die Art Ihrer Begründungen beeinflussen:

• Bei beruflichen Projekten kann es zu unvorhergesehenen Ereignissen kommen, die außerhalb Ihres Einflusses liegen (Krankheit, Konkurs eines Projektpartners etc.). Achten Sie dennoch darauf, sich nicht von aller Verantwortung freizusprechen: Wenn Sie eine gesetzte Frist oder das vorgesehene Budget nicht eingehalten haben, könnte das auch daran liegen, dass Sie sie zu Beginn nicht korrekt eingeschätzt haben. Wenn Ihr Team sein Ziel nicht erreicht hat, könnte es sein, dass Sie nicht optimal mit den Teammitgliedern kommuniziert haben.

- Bei der Vorbereitung Ihres jährlichen Bewertungsgesprächs stellen Sie fest, dass Sie die geforderte Anzahl abgeschlossener Aufgaben nicht erreicht haben: Haben Sie vielleicht zu langsam gearbeitet? Wenn ja, womit haben Sie Zeit verloren? Wurden Sie von einem Kollegen aufgehalten? Haben Sie diese Art von Aufgaben das erste Mal übernommen?

<u>ACHTUNG!</u>

Dieser Schritt ist nicht in allen Fällen notwendig. Bei einem Karrierewechsel ist es beispielsweise normal, dass Sie noch nicht alle nötigen Fähigkeiten besitzen, denn schließlich handelt es sich um einen für Sie neuen Beruf. Die Selbstevaluation hilft Ihnen festzustellen, welche Fähigkeiten genau Ihnen noch fehlen. Den Gründen für den Karrierewechsel sind Sie wahrscheinlich schon nachgegangen, wenn Sie mit einer Selbstevaluation Bilanz aus Ihrem bisherigen Berufsleben gezogen haben.

Die Analyse der Selbstevaluation hängt teilweise auch von der Situation und dem gesetzten Ziel ab. Sobald Sie festgestellt haben, wo Sie noch Verbesserungspotenzial besitzen und welche Fähigkeiten Sie bereits haben, können Sie diese Information nutzen, um Lösungen zu finden und weiterzukommen: Fortbildungen, Recherche zu einem bestimmten Thema, Ausarbeitung eines Vorgehens zur Fehlervermeidung, Organisation eines Meetings, um das Team wieder in die richtige Richtung zu lenken etc.

DAS SELBSTEVALUATIONSPROGRAMM

Viele Menschen führen eine gelegentliche Selbstevaluation durch, um Bilanz zu ziehen, ganz nach dem Motto: Ich fülle mein Raster aus, antworte auf die gestellten Fragen, ziehe meine Schlüsse und wende mich wieder anderen Dingen zu. Doch der Prozess der Selbstevaluation endet eigentlich noch nicht an diesem Punkt. Wenn Sie angemessene Lösungen gefunden haben, um Ihr Ziel zu erreichen, sollten Sie sich auch darum kümmern, sie umzusetzen. Erstellen Sie dazu ein Evaluationsprogramm, mit Anfangs-, End- und Zwischenbewertungen. Letztere können wie folgt geplant werden:

- in regelmäßigen Abständen (jede Woche, alle zwei Wochen, einmal im Monat, im Trimester, im halben Jahr etc.) entsprechend der Dauer Ihres Programms. Natürlich sollten Sie nicht die nächste Evaluation abwarten, wenn Sie auf bestimmte Schwierigkeiten stoßen, sondern diese so schnell wie möglich beseitigen.
- wenn ein Zwischenziel erreicht wurde (Sie haben eine neue Fähigkeit erworben, Sie haben ein untergeordnetes Projektziel erreicht etc.)

Gehen Sie bei der Anfangsevaluation, die die groben Züge des Projekts vorgibt, und der Endevaluation, die das Projekt abschließt und aus der Sie für zukünftige Aufgaben wertvolle Schlüsse ziehen können, besonders gewissenhaft vor. Die Erstellung eines Selbstevaluationsprogramms ermöglicht Ihnen:

- selbstständiger zu sein
- sich neu auszurichten, wenn dies notwendig ist, um das Ziel zu erreichen
- in Ihrem Rhythmus voranzukommen

Ein Selbstevaluationsprogramm kann sich bei jeder Art von Arbeit als nützlich erweisen. Durch regelmäßige Evaluation sind Sie in der Lage, Ihre Leistungsfähigkeit zu verbessern und zu erkennen, wenn Ihre Leistung abnimmt. Außerdem sind Sie so besser auf Ihre Bewertungsgespräche vorbereitet, da Sie sich auf echte Argumente stützen können.

TOP TIPPS

- Damit die Selbstevaluation ein konstruktives Ergebnis liefern kann, sollten Sie sie unter geeigneten Bedingungen durchführen. Achten Sie darauf, dass Sie sich an einem ruhigen Ort befinden und einen Moment abpassen, an dem Sie ungestört sind. Sie sollten ebenfalls mit der richtigen Einstellung an die Selbstevaluation herangehen: ausgeruht, nicht gestresst und bereit, positiv nachzudenken. Überstürzen Sie zudem nichts, sondern nehmen Sie sich die Zeit, sich über jedes Kriterium Gedanken zu machen.
- Seien Sie so objektiv wie möglich. Sich Fähigkeiten zuzuschreiben, die Sie nicht haben, wird Sie nicht weiterbringen – im Gegenteil könnten Sie damit sogar Ihr Ziel verfehlen oder die Glaubwürdigkeit gegenüber Ihrem Arbeitgeber verlieren. Das Ziel der Selbstevaluation ist sich richtig einzuschätzen, seine Stärken zu erkennen und sich über seine Schwächen bewusst zu werden.

- Bevor Sie beginnen, ein Raster zu erstellen, sollten Sie sich überlegen, was sich am besten für Ihren Fall eignet: Welche Form? Welche Bewertungsskala? Welche Darstellungsweise? Sie können auch Ihr eigenes Bewertungssystem entwickeln, aber achten Sie darauf, jeder Bewertungsstufe einen präzisen Wert zuzuordnen. Sie sollten sich mit der Erstellung des Rasters genauso viel beschäftigen wie mit Ihren Antworten.

- In manchen Fällen kann es sinnvoll sein, einen Unterschied zwischen seinem Wissen und der Fähigkeit es umzusetzen (Know-how) zu machen. Fertigen Sie dazu zwei Raster an und vergleichen Sie sie.

- Sie können ruhig mehrere Raster erstellen: Wenn Ihre Evaluation zu viele Themen umfasst, ist es womöglich zu schwierig, sie alle in einem Raster abzudecken. Im Beispiel des Verwaltungsangestellten, der ein Unternehmen für Bio-Produkte gründen möchte, könnte er ein Raster für seine Fähigkeiten hinsichtlich Unternehmensführung und ein Raster für seine Kenntnisse zu noch nicht vermarkteten Bio-Produkte etc. anfertigen.

- Vergleichen Sie Ihre Ergebnisse mit Ihren vorherigen Evaluationen und wenn möglich auch mit den Ergebnissen Ihrer Kollegen. Dieser kleine Wettbewerb sollte ein positives Ziel haben: sich zu verbessern, indem sich jeder auf seine Stärken konzentriert.

- Nehmen Sie Ihr Selbstwertgefühl wichtig. Dieses entspricht der Art, wie Sie sich selbst bewerten. Menschen mit einem kleinen Selbstwertgefühl neigen dazu, sich negativ zu sehen, ihren Fortschritt nicht zu erkennen oder gar ihren Erfolg zu sabotieren. Zweck des Selbstevaluationsrasters ist, dass das Selbstbewusstsein nicht in die Auswertungen der Fähigkeiten miteinfließt (weder in positiver noch in negativer Weise), auch wenn es fast unmöglich ist, vollkommen objektiv zu sein. Versuchen Sie zu verstehen, wie Sie sich wahrnehmen. Beschäftigungen wie Yoga oder Meditation können Ihnen dabei helfen.
- Freuen Sie sich über Ihre erreichten Ziele und erfolgreichen Selbstevaluationen und koppeln Sie sie an eine Belohnung. Im Fall von negativen Ergebnissen können Sie sie in positive Ausblicke umwandeln: Betrachten Sie sie als neue Herausforderung und denken Sie an Ihre zukünftigen Erfolge.

- Hängen Sie Ihr Raster an einem sichtbaren Ort auf und sehen Sie es sich regelmäßig an: So sind Sie sich Ihrer früheren Schwächen mehr bewusst.

FAQ

WANN IST ES SINNVOLL, SICH SELBST ZU EVALUIEREN?

Jede berufliche und private Situation kann evaluiert werden (Start eines privaten Projekts, Stellenwechsel, Karrierewechsel etc.). Man könnte sein ganzes Leben damit verbringen, seine Tätigkeiten zu analysieren, doch das wäre uninteressant. Selbstevaluation eignet sich besonders vor wichtigen Entscheidungen, da sie mögliche Auswirkungen und Risiken aufzeigt, sowie einen passenden Weg vorgibt. Daher sollte sie ein wichtiger Bestandteil in jedem Projekt sein, sowohl bei individuellen als auch gemeinschaftlichen Projekten.

Außerdem eignet sich eine Bewertung der Situation – sowohl im Privat- als auch im Berufsleben – wenn Sie das Gefühl haben, dass etwas nicht richtig funktioniert, da Sie das Problem so rechtzeitig beheben können. Idealerweise planen Sie regelmäßig Evaluationen ein, um solchen Situationen vorzubeugen. Sehen Sie die Selbstevaluation nicht als eine Pflicht an, sondern machen Sie sie sich zu eigen und zu Ihrer größten Stärke.

WIE HÄUFIG SOLLTE ICH MICH SELBST EVALUIEREN?

Bewerten Sie sich einmal die Woche etwa eine halbe Stunde bis Stunde lang. Der Freitag eignet sich besonders dafür, da Sie so eine Bilanz aus der vergangenen Woche ziehen und die folgende planen können. Für den idealen Moment der Evaluation gibt es mehrere Möglichkeiten:

- zu Beginn des Tages, zwischen 8 und 10 Uhr: Sie sind noch frisch und munter und können sich deswegen dieser intensiven Aufgabe widmen.
- am späten Nachmittag (beispielsweise zwischen 15 und 17 Uhr): Sie befinden sich in der gegenteiligen Situation, freuen sich auf das Wochenende und können sich nicht mehr auf die Arbeit konzentrieren. Legen Sie sie also beiseite und widmen Sie sich der Selbstevaluation. Sie nutzen hier einen psychologischen Faktor: Wie bei einem Film oder Roman, dessen Höhepunkt am Schluss

ist, konzentrieren Sie sich nun ein letztes Mal und geben noch einmal alles für Ihre eigene Bewertung. Das Risiko, die Selbstbewertung nicht gewissenhaft durchzuführen, ist mit diesem Zeitplan jedoch höher.

Wenn Sie an einem Projekt mittlerer Länge (mehrere Monate) oder einem langen Projekt (ein Jahr oder mehr) arbeiten, sollten Sie den Abstand zwischen den Evaluationen vergrößern. Zögern Sie jedoch nicht, im Falle eines Problems eine ungeplante Evaluation durchzuführen. Denn es wäre doch ein ziemlicher Zeitverlust, wenn Sie beispielsweise erst nach einem Monat bemerken würden, dass Sie sich in die falsche Richtung bewegt haben. Denken Sie ebenfalls daran, beim Erreichen eines untergeordneten Ziels ebenfalls eine Evaluation durchzuführen. Die verschiedenen Ergebnisse helfen Ihnen dabei, Ihren Fortschritt zu verfolgen und Verbesserungspotenzial aufzuzeigen.

WELCHEN RISIKEN SETZE ICH MICH AUS, WENN ICH MICH SELBST EVALUIERE?

Das größte Risiko bergen Sie selbst. Denn die Verlockung ist groß, die eigene Evaluation zu beschönigen. Dies schmeichelt dem Ego, kann Ihnen auf lange Sicht allerdings schaden und macht das Ergebnis vor allem unbrauchbar. Sie müssen ehrlich und objektiv an die Evaluation herangehen, um realistische Schlüsse aus ihr ziehen zu können.

Auch die Anfertigung des Selbstevaluationsrasters kann sich als schwierig herausstellen. Womöglich müssen Sie Kriterien schaffen, mit denen Sie sich nicht auskennen. Je nachdem, in welcher Situation Sie sich befinden, können Sie bei entsprechenden Organisationen und Institutionen hilfreiche Informationen finden.

WIE UNTERSCHEIDEN SICH EVALUATIONSRASTER UND SELBSTEVALUATIONSRASTER VONEINANDER?

Die beiden Raster unterscheiden sich darin, dass mit einem Evaluationsraster die Fähigkeiten einer anderen Person bewertet werden, während ein Selbstevaluationsraster auf die anwendende Person ausgerichtet ist. Dies wirkt sich insbesondere auf die Auswahl der Kriterien und die Bewertungsskala aus. Bei einem Evaluationsraster müssen die Bewertungsstufen beispielsweise explizit genug sein, damit alle Anwender sie gleich verstehen, da ansonsten die Ergebnisse verfälscht werden. Aus diesem Grund werden in der Pädagogik beschreibende Stufen (ausreichend, befriedigend etc.) häufig verwendet.

WIE KANN MIR EINE SELBSTEVALUATION DABEI HELFEN, MEIN JAHRESGESPRÄCH VORZUBEREITEN?

In Unternehmen werden die Mitarbeiter häufig verschiedenen Arten der Evaluation unterworfen: Fragebögen, Berichterstellung etc. In manchen Fällen werden sie auch gebeten, eine Selbstevaluation durchzuführen, die dann der Einschätzung des Vorgesetzten gegenübergestellt wird. Doch viele Mitarbeiter sind für diese Aufgabe nicht gut vorbereitet, sodass ihre Auswertung nicht vollständig ist. Denn wenn man nicht festhält, was man wann erledigt hat, ist es schwierig, sich noch an dieses oder jenes Projekt von vor drei Monaten zu erinnern. Mit Ihrem eigenen Evaluationsprogramm können Sie regelmäßig Ihre Arbeit evaluieren und es schriftlich nachverfolgen. Selbst wenn dies nicht zu Ihren offiziellen Aufgaben gehört, wird es Ihnen von Nutzen sein, da Sie so in der Lage sind, Ihren Fortschritt kritisch zusammenzufassen, wenn Ihr Bewertungsgespräch ansteht.

WAS SOLLTE ICH TUN, WENN MEINE SELBSTEVALUATION VON DER JÄHRLICHEN BEWERTUNG MEINES VORGESETZTEN ABWEICHT?

Stellen Sie sich zunächst die Frage, warum Ihr Vorgesetzter Ihre Arbeit anders wahrgenommen hat als Sie. Dabei sollten Sie sich bewusst machen, dass nicht zwangsläufig eine Person im Recht und die andere im Unrecht ist: Vielleicht hatte einer von Ihnen mehr Informationen als der andere zur Verfügung. Überprüfen Sie, ob Sie sich beide auf Tatsachen stützen und nicht auf Meinungen oder Hörensagen. Wenn die Bewertungskriterien in Ihren Augen nicht gerecht sind, sollten Sie Ihren Standpunkt erläutern. Mit stichhaltigen Argumenten werden Sie wahrscheinlich etwas erreichen.

Wenn Ihr Vorgesetzter offensichtlich unrecht hat, ist die Situation etwas heikler. Sie können versuchen, zu argumentieren, ohne ihn anzugreifen oder ihm Vorwürfe zu machen. Mit einer guten Gesprächsvorbereitung sollten Sie in der Lage sein, all seine Fragen zu beantworten. Wenn im Gegensatz dazu Sie im Unrecht sind, sollten Sie nicht versuchen, dies zu leugnen, sondern neu beginnen und Lösungen vorschlagen. Anschließend können Sie sich Ihre Selbstevaluation vornehmen, um herauszufinden, inwiefern Sie sie ungünstig aufgebaut haben.

SOLLTE ICH MEINE MITARBEITER DAZU ERMUTIGEN, SICH SELBST ZU EVALUIEREN?

Ja – daran besteht gar kein Zweifel. Sie ziehen sie damit in die Verantwortung und machen sie selbstständiger. Selbstevaluation ist so wirksam, dass dem Artikel „ This Is The Internal Grading System Google Uses For Its Employees. And You Should Use It Too" (2014) zufolge es von Google schon zu Beginn des Unternehmensbestehens als Instrument eingeführt wurde. Hier geben sich die verschiedenen Teams für jedes gesteckte Ziel selbst eine Note, anstatt von ihrem Manager bewertet zu werden. Google verwendet dafür eine Notenskala zwischen 0 und 1, wobei eine Note von 0,6 bis 0,7 angestrebt wird. Eine Note, die sich der 1 annähert, bedeutet, dass das Ziel nicht hoch genug gesteckt wurde. Liegt die Note jedoch unter 0,4, muss das Team seine Arbeitsweise hinterfragen.

JETZT SIND SIE GEFRAGT!

Es wäre wahrscheinlich nicht übertrieben zu sagen, dass es so viele Evaluationsraster wie Anwender und Situationen gibt. Um eine aussagekräftige Selbstevaluation durchzuführen, sollten Sie also im Vorhinein Ihr Raster vorbereiten. Dabei können Sie sich an den folgenden Beispielen orientieren.

DAS KLASSISCHE RASTER

Abb. 3 – Das klassische Raster

Kriterien	beobachtbare Indikatoren	Bewertungsskalen	Kommentare
Kriterium 1	• beobachtbarer Indikator 1	1 2 3 4 5	
	• beobachtbarer Indikator 2	1 2 3 4 5	
	• etc.	1 2 3 4 5	
Kriterium 2	• beobachtbarer Indikator 1	1 2 3 4 5	
	• beobachtbarer Indikator 2	1 2 3 4 5	
	• etc.	1 2 3 4 5	

Hierbei handelt es sich um ein bewährtes, aussagekräftiges Raster. Im Feld „Kommentare" können Sie die Situation beschreiben, die Sie erlebt haben, oder Ihre Bewertung begründen. Um das Raster übersichtlich zu halten, sollten Sie sich jedoch mit einem kurzen Kommentar von höchstens drei Zeilen bzw. einigen Schlüsselwörtern zufriedengeben. Um mehr Platz zu haben, legen Sie das Raster am besten im Querformat an.

RASTER MIT BINÄRER KLASSIFIKATION

Formulieren Sie Ihre Kriterien als Fragen oder Aussagen, auf die Sie mit „ja" oder „nein" antworten können und begründen Sie Ihre Antwort. Bei diesem Modell müssen Sie sich entscheiden, wobei dies gleichzeitig eine Stärke und eine Schwäche des Rasters darstellt. Dabei liegt der Fokus vielmehr auf dem „Warum" als auf der Note und ermöglicht Ihnen so, besser zu verstehen, was Sie ausbremst.

Abb. 4 – Raster mit binärer Klassifikation

Kriterium	ja/nein	Begründung
Habe ich meinem Team alle notwendigen Informationen übermittelt?	nein	Nach einer Woche habe ich bemerkt, dass mein Team Kontakt zu Lieferanten aufgenommen hat, obwohl bereits eine Marktstudie begonnen wurde.

RASTER MIT HALBOFFENER BEANTWORTUNG

Dieses Raster enthält einige offene Fragen. Es wird häufig für Feedback genutzt (zu einer Fortbildung beispielsweise) oder bei jährlichen Bewertungsgesprächen. Dabei ermöglicht es, einen Großteil der Antworten zu lenken und dem Anwender gleichzeitig viel Freiheit zu lassen. Bei einer Selbstevaluation können Sie einige offene Fragen verwenden, um so Ihr Blickfeld zu erweitern.

Im vorangehenden Beispiel könnte man sich beispielsweise die folgende Frage vorstellen: „Handelt es sich um einen Einzelfall in meinem Unternehmen oder gibt es ähnliche Fälle? Was ist genau passiert?"

Abb. 5 – Raster mit halboffener Bewertung

	Kriterium	Skalentyp
geschlossene Evaluation	Organisation	1 2 3 4 5
	Zeitmanagement	1 2 3 4 5
	Verwaltung der finanziellen Ressourcen	1 2 3 4 5
	Verwaltung der materiellen Ressourcen	1 2 3 4 5
	Kriterium	
offene Evaluation	Wo lagen in diesem Projekt meine Stärken? Antwort:	
	Wo lagen in diesem Projekt meine Schwächen? Antwort:	

Ihre Meinung ist uns wichtig!
Hinterlassen Sie doch einen Kommentar auf der
Seite unserer Online-Buchhandlung
und teilen Sie Ihre Favoriten in den sozialen
Netzwerken!

DARÜBER HINAUS

LITERATURVERZEICHNIS

- Debray, Cécile; Famery, Sarah: *Le bilan de compétences*. Éditions d'Organisation: Paris 2010.

- Duden: „Evaluation". (2019). https://www.duden.de/rechtschreibung/ Evaluation (07.10.2019).

- Korenblit, Patrick; Lehongre, Hélène; Nicolas, Carole: *Construire son projet professionnel… à partir du bilan de compétences*. ESF éditeur Paris 2011.

- Labruffe, Alain: *Les nouveaux outils de l'évaluation des compétences*. AFNOR Éditions Paris 2009.

- Peuple et Culture: *Penser avec l'entraînement mental. Agir dans la complexité*. Chronique sociale: Lyon 2003.

- Yarow, Jay: „This Is The Internal Grading System Google Uses For Its Employees. And You Should Use It Too". *Business Insider*. (Januar 2014). http://www.businessinsider.com/googles-ranking-system-okr-2014-1?IR=T (04.10.2019).

- Yatschinovski, Arlette;Michard, Pierre: *Le bilan personnel et professionnel. Instrument de management*. ESF éditeur: Paris 1994.

WEITERFÜHRENDE LITERATUR

- Berger, Regine; Granzer, Dietlinde: *Praxisbuch Selbstevaluation. Anwendung, Umsetzung und Vorlagen.* Beltz: Weinheim 2009.

- Hense, Jan; et al. (Hrsg.): *Forschung über Evaluation. Bedingungen, Prozesse und Wirkungen.* Waxmann: Münster 2013.

- Neumann-Wirsig, Heidi: *Lösungsorientierte Supervisions-Tools.* managerSeminare: Bonn 2016.

MEHR AUF 50MINUTEN.DE

- Charlier, Maïlys: *Geistige Leistungsfähigkeit. Tipps und Methoden zur bestmöglichen Nutzung des Gehirns.* Aus dem Französischen von Julia Buchrieser. Plurilingua Publishing: Brüssel 2019.

- Duvivier, Julien: *Selbstvertrauen gewinnen. Tipps und Tricks für mehr Selbstbewusstsein im Beruf.* Aus dem Französischen von Julia Buchrieser. Plurilingua Publishing: Brüssel 2019.

- Gangemi, Rosanna: *Die Macht der Körpersprache. Tipps für die effiziente Nutzung und Analyse von Körpersprache.* Aus dem Französischen von Leonie Kremer. Plurilingua Publishing: Brüssel 2019.

- Peiffer, Christophe: *Erfolgreich überzeugen. Methoden für eine gelungene und überzeugende Argumentation.* Aus dem Französischen von Mareike Lobeck. Plurilingua Publishing: Brüssel 2019.

www.50Minuten.de

ISBN digitale Ausgabe: 9782808021548

ISBN gedruckte Ausgabe: 9782808021555

Pflichtexemplar: D/2019/12603/231

Cover: © Plurilingua

Digitale Aufbereitung: Primento, der digitale Partner der Herausgeber